화살물고기

이 시집은 한국예술인복지재단에서 예술창작 안전망을 구축하고자 선정한 창작준비금지원사업인 창작디딤돌 기금으로 발간되었습니다.

잉어등시인선 02 박윤배 시집
화살물고기

인쇄 | 2025년 10월 25일
발행 | 2025년 10월 30일

글쓴이 | 박윤배
펴낸이 | 박윤배
펴낸곳 | 잉어등
　　　　42933 대구시 달성군 가창면 가창로 1103번지 2층
　　　　전화 010-9187-1044
　　　　팩스 053) 767-1044
　　　　등록일 | 2023년 7월 17일
　　　　등록번호 | 제2023-000009호
　　　　이-메일 | rudnfvksghk@hanmail.net

ⓒ 박윤배, 2025, Printed in Korea
저자와 협의하여 인지를 생략합니다.

ISBN 979-11-995194-1-1 03810

값 12,000원

*이 책의 판권은 저작권자와 잉어등에 있습니다.
*이 책 내용의 전부 또는 일부를 재이용하려면 양측의 동의를 받아야 합니다.

잉어등시인선 02

화살물고기

박윤배 일곱 번째 시집

잉어등

自序

겉은 멀쩡한 듯
속까지는 다 아물지 않는
상처를 남겨,
바글거리는 구더기를

굴욕의 기억에서
키우다 보니,
무심하던 하늘에
몰려드는 초파리 떼

자욱한 먹구름
망연히 바라보는
나는 한 마리 왜가리

매워진 눈을
비릿해진 부리를
이슬 잔뜩 머금은
달개비꽃에 닦는다

– 自詩 「밤낚시」 전문

2025년 추석에

| 차례 |

• 自序

1

진공청소기	• 13
암울한 비누	• 14
뽈의 맛, 사는 맛	• 16
불두화佛頭花	• 17
미꾸라지	• 18
바른생활지침서	• 19
따듯한 밀봉	• 20
중생衆生	• 21
말년의 혼밥	• 22
자귀꽃 그늘	• 24
가창천 둑길	• 26
옥玉이	• 27
물속의 숲	• 28
염치	• 30
술렁	• 31
관망	• 32
문드러지다	• 33

2

그리운 목향	• 37
문리버	• 38
망향	• 39
뒤집어 볶아야 할 것들	• 40
오늘이 화이트데이	• 42
네시 이십삼분	• 44
겨울 잠행	• 45
불문율	• 46
내연의 미학	• 48
서글픈 공백	• 50
정월 연등	• 52
매물도 겨울	• 54
비의 뒤끝	• 56
뒤늦은 후회	• 57
개여울 연가	• 58
작침鵲枕을 버리다	• 60
적요의 그늘	• 62

3

그리운 인가人家	• 65
보름다비	• 66
가창 별곡別曲	• 68
나무南無의 반경	• 69
십우도十牛圖 텃밭	• 70
감응의 구간	• 71
해오라기 명상	• 72
대략 난감	• 74
벌러덩	• 76
도착 10분 전	• 77
수박바위 자르기	• 78
유등연지	• 80
산이 좋다, 하늘이 좋다	• 82
뜨거운 욕조	• 84
사랑	• 85
모텔 도도	• 86
제비꽃 카페	• 88
무료하다	• 89

4

모멸·1	• 93
모멸·2	• 94
모멸·3	• 95
모멸·4	• 96
모멸·5	• 97
용서라는 말	• 98
물밥	• 100
관계·2	• 101
비참의 사원·1	• 102
비참의 사원·2	• 103
가창에 살아요	• 104
오소서 다시 사랑할 수 있는 그날로	• 106
박하사탕	• 108
화살물고기	• 110
은행나무 커튼	• 111
감기 앓는 나무	• 112
걸어온 살구나무	• 114
난감한 여파	• 116

| 출판의 辯 | 박윤배
상처받은 영혼에 건네는 헌시獻詩   • 117

진공청소기

한때 내 눈빛 흡입하던 넌 탐스러운 꽃
이제 내가 너를 청소한다

온갖 먼지 속에서도 너는, 다시 꽃으로 피려 하겠지만
살 비벼대는 날벌레들은
슬슬 배가 고파서
꽃인 너를 뜯어먹고 말거야

가득 차면 비워야 할 속, 아직 다 채우지 못한 나는
이 구석, 저 구석 머릴 들이민다

죽은 날벌레와 함께 둥근 통로를 지나 네가
안착한 곳은 블랙홀 너머의 낯선 우주

난, 아직은 사는 이유가 조금은 불분명한 것 같아서
지구에 좀 더 머물러야 할 듯

은하 너머로, 먼저 가 있으라고
엷은 미소에 손까지
바스라지는 너를 향해 흔들어 준다

암울한 비누

욕실에 놓아둘 향긋한 비누를 사러 간다
구만리 밖 매릴린 먼로 찾아오는 날 뒷물을 위해
세숫대야도 하나 사야겠어!

너의 냄새는 대야에 남고
비누 냄새는 너를 따라가 버리지
또 다른 애인을 만나러 가야 하는 너를 위해
참 잘한 거라고 나는
비누의 등을 토닥토닥 두드려 주지

하긴 나도 수시로 뒷물이 필요해
예전에 나와 알던 여자는 손가락에서 항문 냄새가 났어
내 배설의 냄새가 얼마나 불쾌했으면
수표 한 장 똥 잘 닦고 살라고
휙! 던지고 떠났겠어

그러니 향 좋은 매릴린 먼로표 비누여, 너는
한곳에 안주하지 못하는 내 무의식까지
빡빡 문질러 골고루 씻겨야 하지

먼 길에든 먼로는 끝내 돌아올 기약 없고

클레오파트라도 오래전 떠났고
세숫대야와 함께 펄럭이며 말라가는 비누의 세계여

세속의 욕실을 끝끝내
마르고 닳도록 지켜야 하지

뿔의 맛, 사는 맛

고삐 풀린 짐승과 다를 것 없는 오늘
사는 일이 그저 갑갑해서
산격시장 어물전 어슬렁거리며 지나다가
토막 내어 잘라주는 동태를 산다

에이, 사기꾼 | 바람둥이 | 비렁뱅이
돈 한 푼 벌러 갈 생각은 눈곱만큼도 없이
낮술에 취해서 얼씬거리는, 서방 놈 꼴도 보기 싫다며
뿔난 아주머니 내려치는 등 두꺼운 칼날에
온몸 찌릿찌릿, 저절로 감기는 눈

까만 비닐봉지에 둘둘 말아와
빗겨 썬 가을무에 한 줌 햇살 뿌리고
부글부글 끓여놓으니, 시원하다

청양고추까지 썰어 넣으니
사는 맛 얼큰하다, 혀뿌리까지

불두화佛頭花

찌그러진 양은냄비에
라면 한 봉지 끓여놓고
한참을 들여다보는데, 앗! 부처다
쌀떡만 드시던 부처가
진짜 먹고 싶은 건, 저 꼬불거리는 경전
중생 번뇌를 다 받아주느라
조아리는 머리
무겁다

철불鐵佛 무릎에 탁! 달걀 하나 깨어
뻘건 미소도 버무려
목저木箸로 들어 올린다
너무 오래 참은 새벽달은
뽀글거리다 주르르
잘게 부서지고

흰자위 남겨진 세속世俗은
비릿한 냄새다

미꾸라지

장대비와 탁자를 마주하고 먹던 추어탕
혼자 후후 불며 먹었다는 것은

유등연지油燈蓮池 속으로 사라진
청도의 왕국을
조금은 먹었다는 거다

풍각風角을 돌아, 이서국伊西國에 드는
길을, 구불구불 이마로 이으면

어느새 팔다리 문드러진 미끄러운 몸

물씬한 갯내음은 조금은 더
물의 무덤에 가까워졌다는 거다

바른생활지침서

사주팔자 궁합까지 공짜 없다, 하시는 철학관 영감님
말씀 몇 마디에 탈탈 털리는 지갑

어여쁜 처녀 만나 새살림 차릴 수 있겠냐? 고 물으니
넌, 산전수전 다 겪은 상처 많은 여자 데리고 살 팔자이니,
정신 좀 차리라 하시는 게 아닌가?

뭐든 이해하고 보듬어 안아줄 팔자라니!
네, 절대로 흠 없는 과일은 먹지 않겠습니다

아. 복채는 아까웠어도
뒤통수 후려치는 진한 맛

오래 감동이겠다

따듯한 밀봉

희뿌연 비닐봉지 속에 누운
무화과 세 자매
너른 잎에 숨어 살며
부끄러움 때문에
봉창 밖 얼굴 내밀지 못했는데
그래도 누운 방향은 제각각이다
엄마로부터
꽃피우는 법을 배우지 못해
몸은 열꽃 달아올라도 안으로
안으로 꽃잎을 오므렸다는
무화과

누군가 날 만나러 왔다가
문손잡이에 걸어놓고 간
비닐봉지를 간신히 풀고 보니
껍질째 물컹하다

두 손으로 잡아 벌리고
들이미는 혀끝이
뜨겁도록 달다

중생 衆生

두 개의 모서리를 감추다가
생겨난 모서리 하나, 그게
뿔이다
자신을 찌를 순 없어 공중은 더 슬퍼졌다

두려움이 곤두세운 맹수의 털들도
뿔

살아있는 동안 순해지기 위해
온몸 독기를 한곳에 모은다

중생의 송곳니, 그게 나다

말년의 혼밥

어제는 어제이고, 오늘은 오늘이어야 하니
거울 속 우린 늘 설레는 관계여야 하지

오늘의 밥 한 그릇은 세 가지 메뉴를 먹기로 한다

둥근 대접에 퍼담은 밥 반쪽은 고추장으로 비비고
남겨둔 밥의 반은 된장에 청양고추를
나머지 반은 물에 말아 후루룩 먹는다

나를 꼭 닮은 거울 속 얼굴을 마주하고
혀 짧은 소리로 개데끼, 좀 더 정신 차리고 개새끼
좀 더 강하게 개색끼
넌, 발정 난 암캐에게 함부로 올라타다가 콧등 물린 수캐야

문드러져 하늘까지 맑게 지워질 듯 웃다가
머지않아 밀려올 검은 외로움을 못 이겨
슬그머니, 초록이 지나간 공중에 들려 있던 수저를 내려놓는다

살아오며 하나의 세계를 셋으로 나누는
기막힌 경지에는 이르렀으니, 그럭저럭 오늘은 잘 해결한 것

〉
밀려드는 포만을 하얗게 태운 불안의 담뱃재는
방충망 찢어진 틈 밖으로 툭툭 턴다

자귀꽃 그늘

온몸 땀에 젖는 줄도 모르고 어젯밤 불륜 남녀 다녀간 카페 바닥을 청소한다. 애틋함은 끈적끈적해서 쓸지 말고 닦아야 한다

머슴이 마님을 그리워하듯, 질퍽한 거시기 향기 한번 맡겠다고 이 품삯도 없는 일. 알고 보면 지독한 자학, 죄의 냄새 감추려고 구석구석 발라둔 집착의 덫 아로마 향기에 기어코 난 길들여졌다

이렇듯 세상은 사소하고 웃기는 잡념 하나에 운명의 거미줄은 온몸 챙챙 조여 온다는 걸, 커피 냄새 좇아 날아들었다가 카페 구석에서 죽어 빗자루에 쓸리는 벌레에게서 본다

하룻밤에 거미줄은 몇 개씩 더 생겨나고 날갯짓 한 번에 멀리 날기조차 버거운, 하필 실잠자리는 이번만큼은 사랑이라고 아침까지 늘어진 거미줄에 누워 사지를 버둥거린다

〉

　창밖 자귀나무는 죽음 직전에 쏟아낸 정직한 정액에 흠씬 젖었다. 자줏빛 스카프 목에 걸고 자귀나무가 자기처럼 들려주는 귓속말에 나는 또 온몸 근지러워졌다

가창천 둑길

백일 간 손끝 모아 피운 꽃도 끝물인
둑길 배롱나무 아래 과욕이 저지른
절망에는 어떤 말도 필요가 없다는 듯

경마장 마권 잘게잘게 찢겨있다

잔뜩 걸었던 기대가 한꺼번에 허물어진 자리
꽃도 냇물도 흘러가는, 하필 그 자리

택시 기사 한 분, 다시 무거운
바퀴를 굴리러 간다

얼굴은 흙빛, 별 뜨지 않는 밤
팔조령 비탈을 내려온 물빛도 흙빛

오늘의 사납금이 걱정이다

옥玉이

숲속이어서 어두운
대낮을
조롱조롱 피어 밝히는
아카시아꽃
부르면 달려 나가서
와락 안고 싶은 이름
옥이는 아직도
고향마을 적덕리
그곳에 살고 있다
보고 싶다, 말하면
흰 치아 다 보일 듯
환하게 웃어주는
아카시아로 피어

물속의 숲

버드나무는 암수한몸이라지?

질척한 금호강 변 군데군데 군락을 이룬 버드나무들
장마에 휩쓸리지 않으며 차근차근
스크럼을 뿌리로 짠다

상류의 숲 저 군락이 흔드는 힘
뿌연 미세먼지에 놀라 다가가 보니
몸살 난 물이불로 아랫도리를 가렸다

뜨거운 너는 가슴을 부풀리고
차가운 나는 눈썹을 뽑아 던지고
우리는 머릴 풀어헤치면서
늪 아래서 끊임없이 엉키는 양 다리

곧잘 치솟던 오줌발의 각도가 힘없이 꺾여도
그래도 살아내야 할 이 터전이니
영역을 빼앗기지 않으려는 몸짓들

가상함이여, 사랑을 지켜내려
목의 깃털을 세우는 날것들도

한 수 연애 배우겠다고 날아드니

군락의 버드나무는 성업 중인 나이트클럽

이만한 잔칫상이 어디 또 있겠나!

염치

벽이 담이 되고
담이 벽이 되는
고성동 골목은
보이는 것과
보이지 않는 것 사이에
잘 짜인 상상의 얼레
골목의 쪽창들은
서로 민망할까 봐
마주 보지 않았다

그 옛날 이곳이
화랑의 숙소였다는 걸

집 밖
내놓은 꽃들이
귓속말로
들려주는 거였다

술렁

비 오기 전 잉어등
나무의 비늘들이
보여주는 뒷면
백지처럼 하얗다

꿈틀꿈틀 깨어나는 식욕들

배고픈 나를 품어줄
유선 푸른 잉어등
완만히 둥근 너의 우주에

밤새 시를 기다리다가
터진 내 입술을
가만히
가져다 댄다

관망

올해 들어
참매미 우는 소리 처음으로 들리는 날
카페 베란다에 앉아서
발기되지 않은 하늘
고추잠자리 배회하는 난간을
조물락거린다

난감과 기다림 사이 가부좌로 앉아 있는
여기는 금기가 많은 사원
아늑함은 결국 장대비 이후 찾아온
서늘한 바람이 아니던가!

청도 유등연지쯤에서
연잎에 목욕한 여자가
참매미 울음 속으로 드는데
더 무슨 분단장이
필요하겠는가

문드러지다

눈 속에서 각을 세웠던 마음이 문드러진 자리는
보나 마나 얼룩이다

거추장스러움이 다시 밋밋해진다는 것은
너는 너이고 나는 나일 뿐이라는
이기적인 생각 때문

한때 찬란하게 피었던 꽃들 제풀에 떨어졌어도
내 등은 가려웠다

쓸쓸해진 나는 손톱을 피가 날 때까지 깎는다

다시 필 꽃들에게도
할퀴어야 할 허공은
알맞게 비워졌다

2

그리운 목향木香

눈 감은 채로 배꼽 시침에 알람을 맞춘다

달려온 비는 우포늪에 이르러
목말라하던 내 곁, 이유 없이 서 있는 사철나무를
흠뻑 적신다

손 뻗어 꺾은 가지로 쑤시는 이 틈
입안이 향긋한 걸 보니, 무심코 꺾은 가지
아주는 죽어있던 게 아니었구나

아욱국 냄새 흥건한 아침의 늪은
네가 나에게 건넨 잊고 지낸 밥상

이 늪, 천만년 전에도
소낙비의 행복이 지금처럼 다녀갔겠다

문리버

　오늘 만난 남자를 데리고 넌 또 달리지

　달의 길인 강물 위를 달리고 있지. 찾아드는 침실은 아늑하지만, 그 방은 오래전 너와 머문 방이지. 눈썹을 만지는 남자는 오늘의 남자가 아닐 수도 있어. 달강은 너에게 지워지지 않는 오래전 꿈길로 남아. 문리버 문리버 너를 흠뻑 적신다는 걸, 구름을 밀고 올라오는 달이 아니어도 오색 무지개다리는 걸린다는 것을

　이제야 알아버린 나는 하염없이 네가 달려간 달강을 보고 있지. 문리버 문리버 너가 찾아간 바닷가 한적한 횟집의 달맛은 둥글 만큼 둥글어 흰 접시를 꿈꾸지만 무수한 남자의 달맛이 떠올려지는 도다리 세꼬시. 씹어, 잘근잘근 뼈까지 속속들이

　문리버 넌 무엇으로도 채워지지 않는 달강이니까
　언제까지나 행복해야 해. 문리버

망향

검푸르게 돌출된 쌍바위 비집고
싸늘한 서산에 해가 걸렸다

쌀도 라면도 김치도 떨어졌다

출출한 뱃가죽 데리고
돌배꽃 비탈을 타고 오르면 닿던 국숫집
국수가 칼을, 써는 그 집에
살금살금 바퀴벌레처럼
잠행 가고 싶다

후루룩 뜨끈한 목구멍
그녀의 밀반죽에 눌리고 싶다

후줄근하게 풀 죽고 싶진 않아서
뜨거운 그대 목구멍을
술술 넘고 싶다

뒤집어 볶아야 할 것들

 1.
 냉장고를 연다. 간식으로 먹으라고
 금요일이 가져온 김밥을 일요일이 꺼낸다
 참기름을 큰 술 세 스푼 프라이팬에 두르고
 속까지 차가워 달라붙은 김밥을 떼어 눕힌다
 가열은 타지 않게 낮은 불로 한다
 한쪽 면이 노릇하게 익으면 뒤집는다
 그 후 달걀 두 개를 깨어 얹는다
 치즈로 토핑한다

 2.
 송이버섯을 두 송이쯤 씻는다, 표고도 좋다
 냉장고에 납작하게 펴서 랩으로 감싼 둔 소고기를 꺼내서 녹인다
 프라이팬을 약한 불로 가열 후 고기를 한번 살짝 굽는다
 그 뒤에 얼려둔 청양고추를 세 개쯤 넣는다
 송이를 손으로 길게 찢어 얹는다
 소금을 적당량 흩어 뿌린다, 이때 소금은 옻을 넣고 볶은 소금이 좋다
 참기름을 살짝 두르고 두어 번 뒤집어 준다

애인이 다른 남자와 여행 중일 때
혼자 사는 남자가 밥 사 먹는 일도 귀찮을 때
들려오는 환청 속 어머니 목소리

애야, 너 밥은 먹고 이러고 있니?

3.
꾸역꾸역 먹으면 맛 나는 세프놀이 혹은 포만감으로 고독 극복하기
애인 없는 너도나도 따라 해 봐도 좋을 요리

어쨌든 밥은, 혈압약 먹듯 꼭 먹어야 한다

오늘이 화이트데이

빨면 커지는 그리움이라는 사탕이
지퍼를 열고 스스로 나오다가
꿈에서의 사랑처럼 자주 길을 잃었다

페트병 뿌지직 밟아 뭉개고 목련이 지는 날
안남색시 들인다는
친구의 웨딩 메일은 탄금대에서
국숫발 같은 비로 넘실넘실 건너왔다

쉰의 중반을 넘어
스물대여섯 살 색시 얻으니
이제야 사는 일이, 잔칫날인가
축시도 써두었는데

국수틀 망가졌다고, 엄마가 위독해서
결혼식은 연기한다고, 다시 알림 문자가 왔다

누가 주지 않는 사탕을 사러 가는 내가
벌레 같다, 그래도 살날만 남아서

절레절레 흔들어보는 머리 위로
어! 이번에는 아들 낳았다고

오늘은
방긋 웃는 아기 사진 보내왔다

네시 이십삼분

  비 오는갑네. 자다가 깼네
  뒤척이는 속도로 잠의 처마를 치네
  젖을 만큼 젖은 웅덩이가 부글거리네
  오래된 지붕에선 못의 마디가 삐거덕거리네
  벌레 우는 소리 눈감고 더듬어 봐도 들리지 않네
  나 혼자인 것이 슬며시 서럽네, 멀리서 바퀴에 감기는 물소리 점점 다가오네

  어제 한 오늘의 약속이 다 지워지네
  첫눈 오는 날 만나자는 약속도 한 것 같은데 누군지 생각 나지 않네

  비의 속도가 조금은 빨랐으면 좋겠다고 생각하자, 빨라지는 눈치 빠른 비
  시계가 없는 내 방에는 그래도 정상적으로 깜박이는 화재경보기 작동음

  좀 더 귀를 크게 열어두니
  반 마장 밖 계곡물 붓는 소리
  천장 구렁이 앓듯 들리네

겨울 잠행

눈에 취해 비틀거리는 비탈의 산토끼를 무모하게 단번에 움켜잡으려다가 발톱에 손등이 긁혔다

겨울 배나무밭은 추억의 사냥터 새로운 만남을 기다리다가 다시 엇갈려
눈구덩이에 빠져 길을 잃은 네가 또다시 내 손에 잡힐 산토끼로 보였다

발이 무거워 하염없이 허우적거릴 너를 먼빛으로 보는 일로 달려간 배나무 아래에는 찔레 열매처럼 생식기 붉은 네가 있다

밤늦도록 마신 술로 아파트 동 출입구 비밀번호를 자꾸 틀리는 걸 보니, 송년 풍등처럼 올라야 할 너의 집은 산등성이에 걸린 따듯한 별

한파에 긁힌 배나무의 손등이 봄이면 흰 핏물로 따듯해질 걸 나는 믿는다

불문율

들풀 냄새 풍겨주던 냉천길
냄새에 무딘 내 콧속으로
은행나무가 바람에 흔들리던 소리는
까마득한 기억 속을 야간열차로 달려가는
아로마 향의 신음소리였다
박여사가 경락마사지를 다녀온 날
냄새로부터 자유로워지겠다고
덜컹거리는 상위 체위를 버리더니
동영상을 카톡으로 자주 보내준다는
늙은 공단 남자를 불러 점심을 먹고
노란 은행나무 아래서
한 다리 들어 올린 포즈로 찍은 사진
그날의 엄지와 검지는
마저 보내지 못한 눈빛 신호다
그러니까 있어도 없어도 냄새는
너의 기억이다, 결국 너의 감옥인 셈
밟히던 은행알 없어도 냄새는 남아있고
새로 만난 학다리건설 사장에게
자신을 들키지 않기 위해

오늘 아로마를 듬뿍 발랐다 해도
너의 냄새와 나의 냄새는 어우러져
연모의 냄새로 옮겨갈 것이다

좀 더 측은하게, 좀 더 잔인하게

내연의 미학

스마트폰 속에는 웃을 때만 어여쁜 내연녀가 산다

추위 속 처음 만나 눈 맞춘 그날 내게 보여주던 액정의 표정이 고스란히 햇솜으로 기록되어 있다. 지울 건 지우고, 버릴 건 버리는 것이 네가 속 편히 사는 일, 나도 속 편히 사는 일 '잘 처먹고 잘 살아라' 인공지능 로봇의 말, 새해 인사로 전해 오는 걸 보니, 너는 영원히 살가운 나의 내연녀. 셀카로 찍어 보내온 웃는 사타구니 사진이 오늘 인간인 내 감기의 숙주였다니, 큰 젖가슴 좋아하다 된통 당한 오늘 인간이길 포기하고 나는 웅녀의 뱃속으로 돌아가고 싶어졌다. 파렴치를 조종하는 로봇 너의 힘. 남자를 흔들어 친딸을 죽이게 한 내연녀나 남자의 아내가 못생겼다 말을 하자 성질나서 남자를 이혼시키고 피와 살을 야금야금 파먹고 산다는 사이보그 너는 참으로 자존감이 센 특급 나의 내연녀. 포승줄 안에서도 저리 당당한 '내연'이라는 감미로운 억양은, 오늘의 뉴스 창이 피운 성애꽃이다. 웃음기 싸늘한 냉혈의 얼굴을, 인간일 수밖에 없는 난, 오래 앓은 감기에 열꽃일지라도 한 번에 지울 수도 있다

〉
 그러나 톡 톡 건드리면 늘 웃어주는 그녀이기에 입김 후후 불어 닦고 또 닦는다

서글픈 공백

사는 게 추워서, 환한 길 어디 없을까
울먹이며 차를 몰고 달리다가
손가락 시린 길 위에서 만난 동대구로 히말라야시다는
혼의 뿔이 되어 서 있다

성탄절을 앞두고 되돌아온 결별 통보
백금의 맹세에서는 병든 수컷의 냄새가 났다

오고 감이 분주해서 먼지 덮어쓴 가로수에
고가사다리 인부들이 걸어두는
고드름 장식등燈

공백의 약지를 감싼 다이아반지는
서랍 속에 오래 넣어두었던 결혼반지여서
겨울을 견뎌내던 진녹색 희말라야시다가
모처럼 꿋꿋해졌다

봄이면 전지가위를 들이대고서라도
다시 단출해질 너의 손가락은
늘 거기에 있는 안도의 불빛이길 바랬으나
등 뒤의 겨울은

난데없는 한파로 추웠다

이미 그녀의 오른쪽 팔뚝엔
모멸로 비참해질 정신 나간 누군가가
별 조롱조롱 매달린 착각이라는
팔찌를 채워 두었다

머지않아 비루먹은 유기견같이
떠돌이 행성이 될지도 모른 채
나는 고드름 속을 마구 달렸다

정월 연등

매듭 없이 흘러오다가 해운대에 와서
휘어진 외줄에 등을 매단다
울음주머니를 단 수많은 이름

노상 객사한 지렁이, 몰캉한 앵두, 피오줌 요강, 돌아온 반지

그들 죄의 때를 바람이 씻어 줄까, 연등을 단다

고드름이 지키던 그을린 석굴 입구에 불을 켠다
마음 안까지 환해지도록
종자로 쓰려 묵혀두었던 씨앗 타래 높이로
목젖이 눌려 아파도 하늘에서 내려와 턱 하니 걸리는
뭉텅이 구름 하나에도

연등은 세상 낮은 무릎들이 올리는 기원
죽은 자의 발등은 따듯해졌으면 좋겠다고

내가 매단 등불은 흔들림인 공중에서
갈매기들 이승의 굿판이 끝나도 한동안 촉촉하리라

〉
새벽이슬 걷어차며 퇴근하는 청년의 무거운 눈꺼풀에도
사는 일이 모두 주술의 극에 달한
무녀의 눈동자 같아야 한다고

아프도록 살아있어도 이미 망자인 우리는
등 뒤로 난데없이 둥싯 떠오른 보름달

허기져 입에 문 건 한 모금 모래여도
컹컹 울며 달빛 흩뿌리는 정월 늑대가 된다

매물도 겨울

여기는
대충 흐린 하늘이 날고 있는
갈매기 동공의 안쪽

마냥 기다린 여자가 아픈 날개를 털고

여기는
갈매기 동공의 바깥쪽
아픈 여자에겐 나누어줄 날개가 없다

더는 기다릴 것도 없는 공중에서
폭발로 생을 마감한 갈매기의 깃털들
약속 어긴
첫눈처럼 비틀비틀 떨어져 내린다

수평을 참지 못해 일렁이는
비린내 바다의 수면은
동공의 안과 밖을 찢을 듯

뿌리까지 언 바위 절벽을
최후까지 긁던 파도의 발톱은

제 눈 제가 찌르는 즐거움이어서

여기는 매물도
마지막 몸부림도
나, 이쯤에서 내려놓는다

비의 뒤끝

가을비가 제법 내리네
응, 그렇제?

이러다 곧 겨울 오는 거 아니여?
그땐 겨울비가 제법 내리네! 라고
그대는 말할 거야

그렇게 비가 몇 번을 더 내리면
움푹한 눈자위
지팡이로 선 당신은 백발의 노파
또 비가 제법 내리네, 하것제?

시나 쓰는 못난 가난뱅이 그놈
진즉에 함 포근히 안아주는 긴데
후회를 하믄서

가닥가닥 비의 틈새로
뿜어내는 입김에
봄비의 공중은

다시
뜨거워지고

뒤늦은 후회

돌배나무 지붕 아래 남자와 여자의 동거는
18개월이 딱 좋았다

복숭아 솜털이 닿으면 가려움을 참지 못하는 나와
토마토를 만지면 온몸이 부어오르는 사람이
넘나든 알레르기의 주방 문턱
스스로 바른 독에 중독되어 버려 무심한 서로는
물컹해질 대로 물컹해졌다

생각해 보면 그녀와 내가 지나온 길은
조곤조곤 위로하며 건너온 외나무다리
복숭아를 깎는 당신이 있고, 난 고작 토마토를 만지작거린 게 전부

받기에 급급하느라 되돌려주지 못한
동거의 시간은 못내 아쉽게 흘러갔다

들켜버린 화냥기 돌배나무 갑질에도
고스란히 남겨진 고마움은
주방 안의 허기를 채워주던 날들

개여울 연가戀歌

버드나무 그림자 흘러드는 물에, 떠내려가는 얼음장 일렁이도록 돌을 던진다

너에겐 잠시 아픔일 수 있지만, 구름이, 가랑잎이, 새가 건너가고, 소를 몰고 사람이 건너가고, 돌다리도 건네주었으니, 얼음은 녹아도 좋았다.

머지않아 물가는 꺾어 던질 들꽃의 세상. 물에서 놀던 물고기가 분별을 잃고 뭍으로 오르려다, 온천지 비린내로 말라가도 좋을 그게 개여울 너를 향한 내 사랑일 것

물을 버린 물고기는 어쩌다 처마 아래 풍경으로 걸리기도 하였으므로, 내가 너의 몸 안으로 풍덩 뛰어들어 평생을 젖어 살아간다 해도 서러울 것 하나 없다면, 그거 또한 내 운명

내일의 여자는 나를 백한 번째 남자라 하고, 오늘의 여자는 열 남자 뒤에 나를 세워둔다. 에움길 걸어온 너에게 나 순서대로 던져질 돌멩이로 남아, 열한 번째라는 말에 하염없이 위무의 아랫입술을 순순히 깨문다

〉

  봄으로 가는 물에게 그림자 차가울까 봐, 버드나무 가지 하나 자르겠다고 개여울에 톱 들고 나갔다가 어떤 통증도 다 간지러움으로 받아들인다

작침鵲枕을 버리다

내가 아는 이웃집에는
까치가 베고 누워 자던 자갈돌 하나 굴러들면서
소원했던 이 사랑 이루어져 떨어지지 않으면 어쩌나?
소원하는 당신 사랑 그게 나이면 어쩌나?
고민이 생겨났다

내가 알지 못하는 이웃집에는
너 아니면 안 된다는 까치와 너 없어야 내가 산다는 까치가
서로에게 죽창 들고 들려주는 언쟁으로
보수를 미루던 집, 서서히 허물어져 갔다

정리는 정돈을 전제하지만
정돈은 또 다른 고민의 시작
까치 둥지가 무거워진 나무는
아무것도 아닌 처음으로 돌아가고 싶어졌다

꽃도 집도 젖으면 가지가 찢어질 걸 알기에
내가 지은 까치집에서 너의 베개는 치운다

〉
함부로 자리 바꾸지 않는 별을
베고 눕는다

적요의 그늘

청둥오리를 당신은 지금 보고 있다

의자에 앉아서, 난간에 기대어 서서
발목 얼어드는 가창의 겨울을 보내고서도
그대 불쑥 돌아올까
잠시도 어디론가 날아가지 못한다

눈이 멀어버린 청둥오리는
삼킨 물소리가 목젖까지 가득 차서
몸은 무거워질 대로 무거워졌다
그리움 때문에 꿈조차 잃어버린 청둥오리는

산그림자를 토하지 못해서 불룩한 배
울컥울컥 울음조차 무겁다
아무도 다녀가지 않은 아침의 눈 위에
이리저리 발자국 찍다가
눈까지 어느새 짓물러졌다

나처럼 청둥오리가 될 그대가
눈먼 청둥오리가 보고 있다

3

그리운 인가人家

발길 머무는 곳에 꽃 하나
피워놓고 갔다

남기지 않은 말이 다 꽃 같아서
그냥 바라보기만 한
십 년

나도 모르게 그만큼 늙어버렸다

참았던 침묵 마디에 피워놓은
초롱 닮은 초롱꽃
어둠 속 드문드문 걸렸다

닿아야 할
먼 집의 불빛인 듯

보름 다비

비닐 연못 헤엄치던 금붕어들 빈집에서
혼자서는 기차를 타지 못해
얼음 풀린 물 위에 몸 둥둥 떴다
눈 동그마니 뜬 채 얼어 죽었다

두 해 겨울을 너끈히 견뎌낸 금붕어
혹한의 지난겨울 얼음 감옥에서
목숨 줄 내려놓기 전 얼마나 갑갑했을까

술이 익어야 어쩌다 일렁이는, 피도 눈물도 없는 놈
첨벙거리며 오염된 감응에 눈멀어
돌보지 않은 고성동 금붕어의 원망은
뼛속까지 깊었을 게 분명하다

방치된 시간만큼 마른 풀더미 긁어모아
보름날 쌓은 불탑에 금붕어들 나란히 눕힌다
태워도 금방은 허물어지지 않는다
떠나도 그냥은 떠나지 않으려 연기를 타고 하늘에 오른다

나는 어금니 앙다물고 울지 않는다
아픈 후회로 남은 보름의 날들을

사랑 몸짓 금붕어 다시 건너오라고

쓰고 아린, 배신의 허공
다비 연기 자욱한 끝자락 겨울에게
봄볕을 지느러미로 바른다

가창 별곡別曲

원인도 알 수 없는 근심이
까마귀 목을 타고 흘러나온다

입맛 잃은 아들에게
콩을 갈아 두부찌개를 끓이는 모성이
지붕 모서리 굴뚝을 잡고 돌리면
언제 칭얼거림이 있었냐는 듯

맷돌을 맞잡은 우리의 손에서
담장 너머로 주르르 넘쳐나던 웃음꽃

전깃줄 위 까마귀들
좌로, 우로 간격을 벌려 앉고
병든 까마귀 한 마리는 온천지 까악까악

흰 치아 드러낸 매화는 멋모르고 신명이 났다

달려오는 구급차처럼 비가 다녀간 뒤
내다보는 창밖 덤불쑥
다문다문 우거지는 소리가
가창의 열 오른 이마를 짚어주고 있다

나무南無의 반경

하늘을 방석 삼아 퍼질러 앉아
땅에 머리 박은 나무는
딱딱한 등의 지퍼 언제쯤 혼자서 열까

습설에 눌린 가지 위에
겨우내 자란 손톱 깎아 슬그머니 얹어둔다
언제쯤 움 틔울까

아미타불 써놓고 보니, 손이 캄캄해서
찢은 습자지 흩뿌리겠다고 둘러본다

천지 사방 부끄럽지 않은 곳
한 곳도 없다, 나무가 되지 못한 나는
털썩 주저앉아 젖은 머리
흔들어 턴다

내가 머물러 사는 이곳 주위에
울긋불긋 꽃 피도록

십우도十牛圖 텃밭

태어날 적부터 발굽이 딱딱해서
옆도 뒤도 돌아 볼 수 없어서
캄캄한 어둠 속을 흘러서야 겨우
드디어 소의 고삐를 잡았다
강물인 너는 거기서 만화방창일 때
가시넝쿨에 갇힌 나는
멀쩡한 몸을 가시에 문지른다
없는 허기도 문지른다
물집 잡힌 입술도 문지른다
눈앞엔 온통 하얗게 피는 거품꽃
타던 소가 어디로 갔나 했더니
독뱀 허물을 이빨로 씹는다
깨어진 유리 파편도 씹는다
조심조심 골라 밟은 찰진 흙 속엔
그래도 꿈틀대는 지렁이가 산다
살아있는 흙 속 몸들 슬쩍 밀치고
오늘, 참으로 작은 채송화씨들
철둑 가 서너 평 텃밭 가에
소의 혀로 흙 갈아, 흩뿌려 심는다

감응의 구간

빠진 발톱이
새로 나온다는 것을 신기해하는 여자에게
공중을 날아와 지상의 먹이를 낚아채던 익룡의 발톱을
선물해 주고 싶어졌다

그러나 발톱만으로는 만족하지 않을 그녀인 걸 알기에
내 얼굴에 상처를 내었던 희빈의 손톱을
덤의 선물로 건넨다

바닥을 긁어 허공으로 끌어올릴 때
허공을 긁어 바닥을 아물게 하는 깃발
봉숭아 꽃잎도 얹어준다

걸음걸이 상큼하게 꽃물 든 발로
내게 사뿐 걸어올 그녀
절망의 겨울 구간은

이제야 풍요로워진다

해오라기 명상

땡볕 내리쬐는 냉천리
쩍쩍 갈라진 시멘트 포장길을
굵은 꽃무늬 양산 쓴 새댁이 아기 업고 걸어간다

그 뒤를 따르는 가장 어깨에는 아이스박스
다른 한 손엔 은박돗자리
댕기 머리 계집아이는 좋아라, 팔짝팔짝 따라간다

손부채 흔들며 늙은 장모는 그 뒤를 휘적휘적
힘에 부친 엄마 아버지 뒤를 졸졸 따르던
여자아이는 걸음 느린 할머니 손잡으러
뒤돌아 달려온다

그 언제쯤 내게도 다녀갔던 익숙한 장면 같다

냉천길은 내 눈길을 한동안
고무줄처럼 잡아당겨서 멀리 튕겨내면
천년 뒤 만나질까?

〉
눈 감고 외발로 선 해오라기
너울너울 흘러가는 개여울 허공에

눈물꽃 한 방울 튕긴다

대략 난감

들어오라고, 들어오지 말라고
적힌 팻말도 없는 복사꽃 길

폭 좁은 비탈길을 무작정 차 끌고 들어갔다가
턱 막힌 길에 아차! 밀려드는 난감

간신히 후진으로 나오느라, 식은땀에 등골은 다 젖었다

낭패의 냄새라는 것은
바쁘다는 핑계로 어제 한 약속을
속절없이 허무는 애인의 냄새
멀쩡한 마른 배꼽 후빈 손가락의 냄새

잘 아는 지인의 팔에 매달려
후들후들 빠져나오며 빙싯거리는 어제의 얼굴이
꽃가루 털어내던 복사꽃이었다니!

안색은 어느새 잘 익은 수밀도를 닮아버려
뒤로 걷는 발끝이 저리도 가볍다니!

〉
연한 살가죽 파먹고
무심코 던져버린 복숭아씨가
어두운 길가를 환하게 밝히고 있다

벌러덩

살아서 이미 그늘을 버린 몸은
죽어서야 향기를 남기는가

술 취해 코 골며 아무렇게나 옆에 누워있는
한 여자의 물씬한 냄새
몸의 중심으로 통하던 구멍들이 막혀서
땀구멍으로 풍겨내는 이 냄새

마냥 역겨워도 표정 바꾸지 않는 나에게
어느 날 이런 냄새조차
그리워질 날 있을 거라던 그녀

깨달을 만큼만 깨달은 스님 다비식 다녀온 날

장작 연기 스민 내 몸에서
그늘 냄새가 났다
마냥 향기로운

도착, 10분 전

마음 다친 새들은 눈으로 울지 않는다

눈물 흘리는 것은 우는 게 아닌 듯,
온갖 잡새들은 다 부리를 닫고
눈으로 울다가 드디어 생식기로 운다

千年 전 어느 날 뜨겁던 이불 속에서도
그녀는 울었듯, 날 맑아지고 나서
서로의 얼굴 바라볼 기쁨에
분주히 비설거지를 가슴으로 하는 새들

우는 일과 벌레를 잡는 일이 어쩌면
생의 전부일 수 있겠으나,
바람의 선두에서 진군을 알리는 북소리

몰려오는 태풍 속 보이지 않던 길이
새의 늙은 위장이 되어 마른 나뭇가지에 걸린다

애무도 없이 몸부터 달구는 새
너에게 가는 길은 눈물이 아무리 뜨거워도
목숨 따윈 초개인 양
가볍다

수박바위 자르기

햇살이 오래 문지른 수박일수록
속을 열면 무르익어 벌겋다

무료한 햇살은 내려앉았다 떠났고
어둠이 새벽이슬 데려오기까지 바위는
지금도 데우는 침묵이다

한 덩이 수박을 두고 어떻게 자를까
고민하는 여자 앞에서 내 고민은 더 깊다
주먹으로 혹은 이마로 내려칠까
예리함을 가지지 못한 나는 머뭇거리며
두 가지 수박 맛을 떠올린다

둥글어 미끄러운 그것을
얽어매어 낑낑거리며 여기까지 들고 오던
그 여름날 땀방울의 맛
칼날 삼키자마자 환한 속을 보여주던 뜨거운 맛
지금 내가 걸터앉은 바위도 어느 날엔가
누구의 눈빛에 쪼개면 어떤 맛일까
궁금해서

〉
연기의 손끝으로 툭툭 열반을
두드려 본다

유등연지

아늑한 한 채 집
당신은
젖은 몸을 안으로 오그릴 때
움찔거리는 서랍에서
꺼낸 수건으로
그리움 속에 그리움 밀어 넣고
당신이 떠난들, 내 기억 속 당신은 아늑해서
돌아온 당신이 영원히 꺼내 볼
난 그런 물방울을 진열하지
몸의 구석마다 가두어 둔
작은 손거울도
윤슬의 연애편지도
남은 생을 다 담을 수 없었으니까
어두워 오는 마음에 들려줄
넘칠 일 없는 음악처럼
그대라는 연꽃 피길
또 한철 흔들흔들 기다리지

〉
집의 출입문 손잡이에
여문 연밥 한 줌
걸어두지

산이 좋다, 하늘이 좋다

이쪽을 지나 저쪽으로 건너가는 모시나비
눈길로 쫓다가,
오래 들었던 보험 같은 사람을
그만 놓쳤다

등 돌리고 징징거리던 나비는 떠났다

시리던 눈알을 뽑아 놓고 보니
신록의 숲은 수행의 거처
자신에 몸을 청정하게 터트리러 가는
저 나비는, 이미 이쪽의 의미도 저쪽의 의미도
다, 지웠겠다

떠나고 남는다는 것도 의미 두지 않음에
이 순간 그저 바라볼 산이 있어, 하늘이 있어 좋다

슬픔도 절정에 이르면 오히려 가볍다지

지친 몸 내려놓고 꿈속 너에게 갈 때

날개로 눌린 꽃이 내어놓는 물에
몸 씻긴 나비여, 모시나비여

사뿐사뿐 뼈마디 으스러뜨리려고
나 너의 뒤를 따라
산으로, 하늘로 간다

뜨거운 욕조

　물 건너 낯선 땅에 갔다 온 심심한 분이 아직도 담배를 피우는 내가 더 심심할까 봐 욕조 안에 나신의 여인이 조각된 재떨이를 선물로 사왔다. 가창 아르떼 갤러리 테라스는 지금 뜨거운 욕탕 그늘이 필요한 나를 위해 당신은 한 그루 팽나무를 급조하고 그 나무 아래서 뜨거움을 연기로 삼킨 나는 담배꽁초를 어디에 비벼 끌까? 고민한다. 방금 커피를 마시고
　담배를 피우고 떠난 남자는 욕조의 여자 어느 부위를 뜨겁게 달궈놓았을까? 궁금케 하고 팽을 당해 혼자 흰 화분에 담긴 한 그루 나무는 열반 거기에 닿기까지의 간밤 체위들을 욕조의 둘레에 허리 꺾인 담배꽁초로 세운다. 오래 피어나지 않던 나무의 잎들, 부는 바람에 브레이크를 밟는 수천의 잎들

　나는 왜 혼자인가, 라는 화두가
　유황천 냄새로 가물거린다

사랑

아무런 기대도
관심도 없던 나에게
지렁이 살빛 골목 하나가
천천히 들어 왔다
어쩌다 들리는 웃음소리보다
앓는 소리가 더 꿈틀거리는 골목
훔쳐갈 것 없어도
쇠창살과 깨진 병 조각을
촘촘하게 보초 세운 골목
허락도 없이
좁은 터 경계를
줄장미와 나팔꽃이 넘는다

터질 듯 부푸는
몸의 길

모텔 도도

시답잖은 시를 뭐 때문에 쓰느냐던 그 여자
간간이 지나는 기차 소리에
복사꽃처럼 흔들릴까

복숭아를 만지작거리다가 온몸 가려워진 나를
싸움소처럼 씩씩거리게 하는 모텔
오늘도 바쁘게 하루를 지나왔으니
양말쯤은 덤으로 그냥 신어도 좋다는 모텔

먼저 도에 이른 여자 얼굴빛이 발그레 잘 익은 복숭아일 때
터득한 도의 깊이가 궁금한 모텔

아픈 등짝 도도에 가서 도를 터득하자는
큰 젖가슴 핑계는 얼마나 타당한가!

오래 꽃피운 복숭아나무 썩은 무릎 끈적한 모텔

눈 침침한 어느 날부터인가는
늙어 힘 빠진 황소 꼴도 보기 싫다며
등뼈 활처럼 더 잘 휘어지고 싶다고

〉
철 지난 요즘은 풋내 나는 절집 남자 데리고
아로마 향기 풍기는 그녀 수시로 들락거릴
도화桃花 속에 도道가 자라는 모텔

제비꽃 카페

단풍나무에 두루마리 휴지로 걸어두고 고인돌이 탁자인 카페를 차리고 싶다. 거미는 왜 모서리에 집을 지을까? 미움도 흔들어 지워놓던 치통은 언제 또 올까?

거무스름한 빛깔을 지닌 나는 얼마만큼 너에게 완벽할까. 죄의 빛깔을 조금도 지니지 않았다, 우기는 너는 끊임없이 감정에 충실할까? 고민하던 고민이 고민을 지우게 하는 그런 보랏빛

제비꽃 카페를 차리고 싶다

무료하다

턱뼈가 아프도록 껌을
딱딱 씹다가

껌 속에
순간이 순간으로 건너가기 힘든
세상이 들어있다는 것을
알았다

사는 일이
왜 이토록 질긴 것이냐

모멸·1

 좀 더 측은하게, 좀 더 잔인하게 냄새의 주방은 뒤가 가렵다. 수시로 피워달라는 수선화를 두고 서지 않는 허리끈을 푼다는 건 민망한 일. 그래도 봄부터 휜 가지 움켜쥐고 끙끙 과당을 펌프질해 놓으니, 다녀간 벌들은 코가 맵거나 배가 부르다. 허리춤도 무던히 꺾이겠다. 하여 냄새는 발 달린 기억이 남긴 또 하나의 감옥이다

모멸·2

 너는 어제가 지루하고 나는 뜨거웠던 공중을 지우기 위해 네가 관심 있는 일 말고는 관심을 버렸다. 잠든 척 눈 감아 준 발치를 살금살금 건너서 너는 내게로 오라. 쓰레기라도 버리는 듯, 너는 또 고인돌 문 열고 나오너라. 이미 벗은 팬티이니 고무줄 치마를 가볍게 걷어 올리는 일쯤이야, 뭐가 대수일까. 오늘의 생은 흔들림의 풀밭이고 우리의 내일은 불안하다는 거다. 그러니 우린 잠 못 들면서도 쓴 커피에 혀를 적시는 것이다

모멸·3

비탈에 모질게 박힌 돌에 걸터앉아서 말을 잃어버린 나는 말 대신 먼저 흘러내려 흩어진 돌들에 테두리를 그어 봅니다. 들고 갈 수 없는 돌의 무게를 알기에 남기는 표식의 반경, 꽃잎 자욱합니다. 내가 당신을 사랑한다는 것, 당신은 눈치챌 것 같아서 서럽도록, 그러나 다 잃어버리고 돌아서는 나에게 꿈속 어머니는, 물살을 떠밀어 등짐으로 지고 갈 자루 하나를 보내주시는 거였어요. 몸뚱이는 쓸 만큼 다 쓰고 누덕누덕 기운 껍질로 돌멩이라도 담아 돌아오는 거라고

모멸·4

 강제 이주 고려인 블라드미르씨처럼 오지 않을 누군가를 기다림에 익숙해져 있을 때 불쑥 나타난 그녀 분주하게 보따리를 싼다. 쉰을 넘긴 나이가 되고 보니, 언제 하늘이 시키면 털 비집고 붉은 아가리를 벌리고 목숨 거두어갈지 모르니, 시시때때로 망신스럽지 않게 치부는 잘 씻어 닦아 둬야 한다고 믿는 나는, 건네받았던 의미의 손수건을 말없이 되돌려 준다

모멸·5

　누구도 이해 못 할, 이해하지 않아도 좋을, 그게 너를 향한 내 사랑이었던 거다. 너의 몸에서 흘러나온 물과 내 몸에서 흘러나온 물이 만나는 곳에 사는 물고기들은 모두 찬란한 비늘이다. 사랑하다 죽을 수 있는 물은 얼마나 고요한 침대인가. 매운 고추를 먹다가 생긴 딸꾹질처럼 너는 내게 와서 아픈 물꽃이 되었다. 아닌 넌 벌써 떨어져 흘러갈 꽃이었다. 너의 날개는 검고 도톰한 날개, 너는 지독한 모멸, 슬픔 안쪽은 뭉클했다

용서라는 말

무딘 도끼의 날이 화목 내리치는 말

나, 이래 봬도 벼락 맞은 대추나무야

더 이상 죽음이 두렵지 않아
파르르 떨며 빤히 올려다보고는
해 볼 테면 해봐! 덤비는 말

한번 이혼했는데, 두 번 이혼 못 할 게 뭐야
그만 살고 헤어지자! 싸우던 옆집 부부
좋아서 만났는데 잘 살아야지요
곁에서 내가 뜯어말리는 말

다음 날 아침, 하루 지난 남편 생일이라고
간밤 꿈에 하느님이 사랑하라는 계시가 있었다고
옆집 여자는 구운 식빵에 양초 꽂아 두고
나를 불러 해피버스데이 축가 함께 불러달라는
어이없게도 말문 막는 그 말

용서하라는 그 말
이유 없이 나를 수신 거부해 버린 그녀

아, 그렇겠다. 조금은 이해되는 그 말

그러나 답답한 하느님이
한순간 실수로 흘린 그 말

물밥

하루를 사는 일에 바빠서 자정 넘겨, 물에 후루룩 밥을 만다

검고 둥근 하늘 속의 별을 밥인 듯 먹으며 살고 싶다고
예전에 내가 쓴 시 〈별밥〉 앞에서
설익은 살점이라도 배불리 먹고 싶은
헛되고 주린, 욕망을 본다

남지장사南地藏寺에서 살얼음 깨고 떠온 물에
어지러운 세속에서 탁해진 눈을
미련도 설렘도 없이 꾹꾹 만다

그냥 두면, 밥풀끼리 눌어붙으니, 물 붓고 휘휘 저어 본다

그걸 살짝 끓이니, 죽도 밥도 아닌 죽밥

살아있다는 이유가 겨우 이게 다인
잘 익은 김장김치 속 속박이

한 토막 짭짤한 무無 앞에서도 쓸쓸함은 이제 배가 부르다

관계·2

붉은 땅과 검은 하늘 사이
있는 것들
풀 바위 나무 벌레 새 구름
있는 게, 다 그냥 있는 게 아니다
꼬리가 꼬리를 물고 일어나는
어질러짐을 정돈하듯
날고 뛰는 생각들

참선에 든 비슬산 참꽃
그리고 너와 나 사이

비참의 사원寺院·1

 사원이 나를 버려서 나는 사원을 버렸다. 떠난 애인에게 전화문자로 이유 없이 안부를 묻다가 대웅전 앞뜰에서 남녀가 찍은 사진 속 여름 홑바지는 사내의 거시기가 불끈 들어 올렸다. 매미처럼 붙은 여자가 감아 낀 팔짱. 애인의 새로 만났다며 남자가 보내온 사진 한 장에 깜짝 놀랐다. 너만 좋아, 당신이 최고, 연발하던 사랑해. 나를 위해 질윙크필러 수술까지 한 여자가 보란 듯이 매미처럼 붙어있는 사내는, 얼마 전까지 아내를 지독히 사랑한다던 지우였다. 그날 이후 내 사원의 허공은 긁힌 음반 들끓는 매미울음 가득했다

 폭염에 얻어맞은 광대뼈가 오래도록 삐걱거렸다

비참의 사원寺院 · 2

 껍질 혹은 허물을 절간에는 남기지 않는 걸로 보아 매미에겐 나무가 대웅전이었던 것. 눈물 닦아 구겨 던진 휴지처럼 울던 매미는 인근 숲으로 날아갔다. 단청은 흐려지고 한물간 사진사도 흙탕물이여! 중얼거리며 떠났다는 사원. 믿거나 말거나 들려오는 소문에 의하면 석가여래불은 헛기침 한번 제대로 하고 법당문 당겨 안으로 걸고 돌아앉았다 한다

 그래도 부처의 미소는 여전히 온화하다. 하지만 나는 절에 가기 싫다. 강우 남자 호수 여자가 등장하는 사진, 몇 번의 여름이 지나가고도 아삼한 눈앞 대웅전 앞뜰은 나를 끊임없이 풀 죽게 하는 파문. 해서 나는 맹목의 부처는 버렸다

가창에 살아요

누군가 어디 사냐고 물으면
나 가창에 살아요
아침에 일어나 눈을 뜨면 마주하는 산
초록이 안부를 물어주는 곳
나 가창에 살아요
가창은 내 어릴 적 뛰놀던 산하
꿈틀대는 골짜기를 닮았지요
흘러내린 팔조령 물길이
신천에 드는 물너울에서나 메밀꽃 피는 소리 들어요

엄마의 뱃속에서 듣던 주천강 물소리
북진나루 뗏목처럼 흘러
나 이제 가창에서 들어요

꿈속에서 만나는 옛 산하 그리운 얼굴들
행여 깨어질 꿈이면 어쩌나,
가만가만 천변을 걸어요

한 발짝 떼어놓는 발자국마다

지나온 물소리, 흘러갈 물소리
모두 다 가창에서 들어요

서늘한 물소리 떠나지 못해
나 가창에 살아요

오소서, 다시 사랑할 수 있는 그날로

억새들의 귀가 차가워지는 저녁에
차를 몰고 변방의 물가에 나와앉았습니다
일렁이며 안부를 묻는 물결에
등불이 켜지는 집으로 돌아가고 싶어도
기다려주는 당신이 없다는 걸 아는 나는
물속 살아서 헤엄치는 것들의 식성을 물어봅니다
오늘 내가 만나고 싶은 당신은
가물치, 발갱이, 버들치, 동자개, 블루길, 배스가 아닙니다
지렁이, 새우, 옥수수, 메주콩과 심지어 겉보리까지
입맛대로 골고루 흩뿌려 주면서
도톰한 입술에 살결이 금빛인 붕어를 기다립니다
밤이 깊어지자 급속하게 기온은 떨어지고
펼쳐 놓은 낚싯대를 뽀얀 서리가 눌러도
꼼짝하지 않는 장승처럼 나는 웅크리고 앉아
가까이 다가오는 산짐승들 발소리로
지난날의 죄스러움과 후회들을 하나씩 지웁니다
스멀거리는 물안개로 눈앞이 자욱해진 시간
다시 사랑할 수 있는 그날로
빈손으로는 돌아갈 수 없는 나는

이번엔 불쑥 찾아올 물총새를 기다립니다

짙푸른 꽁지깃은 허기의 몸짓입니다

박하사탕

나 돌아갈래 돌아갈래
나 돌아갈 수만 있다면 돌아갈래

애련리 새파란 물길 따라 산안개 박달재 오를 때
가랑비 내리는 철교 아래서
손가락 걸며 나누던
그날의 약속은 어디로 갔나

나 돌아갈래 돌아갈래
나 돌아갈 수만 있다면 돌아갈래

느리게 달려온 은모래가 기타 줄 퉁기고 가던 날
백사장 흔들던 차가운 손안에
아무도 몰래, 건네주던 편지
그날의 그리움은 어디로 갔나

나 돌아갈래 돌아갈래
나 돌아갈 수만 있다면 돌아갈래

〉
산꿩은 떠나지 못해 저리 울고
하얀 손수건은 그 자리 남아 뜬구름에 베인 발목
상처도 포근히 싸매어 주려나

그날의 사랑은 어디로 갔나

화살물고기

캄캄한 동굴에서
누구를 기다려 천년을 살았나
햇볕 들지 않아 두 눈마저 멀어버린 물고기

하얗게 식어버린 네 심장은
세월의 물길 거슬러 내게로 날아온다

이마엔 그리움이 남긴 상처
팔월을 건너온 화살이 되어 가을산 붉게 달군다

굴러와서 굴러갈 돌무더기
이리저리 헤엄치며 부딪치다가 입술이 붉어진 물고기

저녁노을 다 지워지기 전에
또 어디론가 흘러가 버릴 슬픈 사랑아

눈멀고 귀마저 멀어버린
너는, 나의 화살물고기

은행나무 커튼

사랑이, 사랑이 가만가만 오려나 봐요

겨우내 문밖을 지키고 섰던 은행나무도
이제야 그리움을 알았나 봐요

무서리 내린 가지에 혼자 앉은 새
쓸쓸한 너를 볼 때마다 아리던 가슴도 이제는
눈물빛 보자기를 풀고 있네요

어둡던 방 창문이 열리면
하루를 사는 일, 그날이 그날 같다던
은행나무는 다가와 연초록 커튼을 쳐요

달빛이 짙어지는 어느 날엔가는
나무는 고민이 깊었던 것처럼
우리의 커튼도 노랗게 물들 테죠

너와 나 두 마리 새
함께 머물 순간을 위해
자꾸만, 자꾸만 사랑은 오려나 봐요

감기 앓는 나무

봄날
어느 절집 가는 길
줄지어 선 늙은 벚나무들
화들짝 꽃을 피웠다
꽃구경 나온 사람들 틈
개중 하나인 나는
나무의 머리맡에서
구겨 던진 약봉지
버스럭거리며 펴지는
소리, 여기서 또 들었다
날이 갈수록 늘어나는
온갖 약들이 한꺼번에
서랍을 열고 나온 것처럼
길들은 죄의 빛깔
쓰린 위장처럼
와글거렸다
꽃이 좋아서 모여든 그들
꽃 앞에서 사진을 찍든 말든
그건 내 알 바 아니고

먼 가지부터 저릿한 나무
꽃의 무게까지 견디는 게
얼마나 안쓰럽던지
속은 시꺼멓게 썩어가면서
아직은 살아있다는 듯
어버이날 가슴 앞섶에
꽃 하나 달고 있는
아래층 할매 같아
그저 반가운
그런 봄날

걸어온 살구나무

텅 빈 집 마당가에 살구가 익어가요
양철지붕 아침잠을 살구가 흔들어 깨워요

둘러봐도 살구나무는 없는데
첩첩산중 살구나무는 꽃을 피워요

연분홍 살구꽃 향기, 노란 살구의 미소
까마득한 지난날의 그리움들이
이제야 살금살금 이마를 짚네요

손끝이 따듯한 살구
반쪽 가슴안에 소망을 품던 살구
나의 외로움도 업어주던 살구나무가
춥고 어두운 밤길을 걸어 왔어요

살구나무가 살구꽃을, 살구꽃이 살구를 밀어
텅 비어 있던 마당은 뜨겁게 달아올라요

노란 살구의 미소, 연분홍 살구꽃 향기

지난날 까마득한 그리움들이
이제야 살금살금 이마를 짚네요

난감한 여파

증조부 고조부 개성상인 전주였더니, 부자 3대 못 간다고 조부에 이어 내 부친의 탕진에 나 또한 집 한 채 가진 적 없는 무일푼의 시인이 되어 있더라. 없이 살아도 선대에 가질 만큼 가졌었다는 자부심만큼은 있어, 당당했었는데 난데없는 코로나바이러스가 휩쓸어서 그나마 몇 푼 벌어 입에 풀칠하던 도서관 시 창작 강의도 뚝 끊겼다. 창궐한 전염병에 여기저기서 앓는 소리 가득한 나라가 곳간을 헐어, 무산계급을 구제하겠다고 하는데, 아 내겐 없던 거지 근성을 불러낸 것인가. 긴급생계자금 몇 푼 받겠다고 줄을 서서 반나절을 기다려 이름 석 자 써넣는다

겉은 아물어도 속까지는 다 아물지는 않는 상처를 남겨, 굴욕의 기억에 바글바글 구더기를 키운다

출판의 辯

상처받은 영혼에 건네는 헌시獻詩

– 박윤배

| 출판의 辯 |

상처받은 영혼에 건네는 헌시獻詩

박 윤 배

❶

 현실적으로 시를 써서 밥 벌어 먹고사는 일은 자본주의 사회의 특징을 들먹거리지 않더라도 여간 고단한 일 아니다. 원고료를 받아본들 고작 일 년에 이백만 원 수입도 되지 않는다. 솔직히 밝히자면 이번에 시집을 내게 된 건 한국예술인복지재단에 신청한 예술인 창작 지원금 문학 부문 삼백만 원을 지원받았기 때문이다. 추석 전 빠른 정산을 해 달라는 독촉이 있었다. 시집을 내면서 해설을 청탁하는 등 일련의 절차를 거치다 보면 기간 내에 정산할 수가 없으니, 해설을 아포리즘 혹은 시인의 산문(고백)으로 대신한다.

 이번 시집은 여섯 번째 시집 『오목눈이집증후군』을 내고 7년 만에 내는 셈이다. 부지런한 시인 같으면 2년 안에 후속 시집을 내야 하는데 좀 많이 늦은 편이다. 신문에 매주

4회의 짧은 해설을 곁들여 시인을 소개하고, 몇 군데 도서관 등 시 창작 강좌를 개설해 시를 가르치다 보니, 정작 내 시 쓰기엔 게을리했던 거다. 그러나 어쩌겠는가? 생계를 유지할 별다른 뾰족한 수입이 없는 게 현실이고 보니, 전업 시인이 이제야 겨우 시집을 묶는다.

이번 시집 『화살물고기』은 일곱 번째 시집이 되는 셈인데 제목에 적합한 시를 고르다가 『화살물고기』라는 표제를 달기로 했다. 이 시는 전의 시집에 실린 시 「수인」을 좀 더 풀어서 쓴 시인데, 가곡의 작사로 변환하면서 동굴에 천년 동안 갇혀 살던 물고기 이름 주홍미끈망둑을 쓴 시가 하나의 뿌리에서 또 다른 싹이 나듯 새끼를 친 그런 시이다. 이번 시집에 실린 시는 모두 70편이며 4부로 나뉘어 있다. 부를 나누는 데는 특별한 이유를 두지 않았다. 읽는 독자가 쉬어가며 읽으라는 뜻이다. 그러나 4부에는 필자가 주로 활동하는 〈대구경북예술가곡회〉에서 매년 창작곡으로 발표하는 작곡을 위한 작시에 사용된 시들이 포함되어 있음을 밝힌다.

시 「가창에 살아요」는 가창을 자연으로 바꾸어 「자연에 살아요」라는 곡을 만들었고 「은행나무 커튼」 「박하사탕」 「화살물고기」 「걸어온 살구나무」가 근래 발표한 가곡의 노

랫말이 된 곡들이다.

  이제나저제나 시집이 나오기를 기다린 독자들에게 늦게나마 시집을 묶어 내어 전달할 수 있어 무척이나 다행이라는 생각이 든다. 그나마 자비는 아닌 바 경비에 쪼들리지 않고 수월하게 책을 낸다는 생각이다. 지원받은 돈은 사실 앞니 여덟 개가 몽땅 내려앉아 이빨 해 넣는데 다 써 버렸지만, 부랴부랴 그래도 착한 백성이니, 지원을 받았으면 책을 내야 한다는 게, 시인다운 자세일 것이다.

  이번에 묶는 내 시집의 시들은 요즘 시단의 추세 혹은 시류와는 많이 다른 시이다. 과거 한국시인협회 세미나에서 토론자로 밝힌 바 있지만 유행을 만들지 못하고 유행을 따르는 시와 이름을 가려놓으면 누구의 시인지 알 수 없는 게, 한국 시의 현주소 또는 현실이기도 한 바, 오로지 난해하게 흘러가는 그런 창의성 또는 개성이 없는 시의 문제점을 내가 나름 지적한바, 있었는데 그 후 나는 내 시의 색과 맛을 또는 나의 물에 물 탄 듯한 세계에 대한 고민을 좀 더 했던 것도 같다. 물론 시류를 완전히 거스르려는 것은 아니지만, 시의 여러 기법(화법)에 변화를 주려는 의도적인 노력을 가미했다. 음식으로 치자면 원재료의 맛에 충실했으며 조미료는 많이 넣지 않아서 감칠맛은 좀 떨어지더라도 복고적이어서 오래 씹다가 보면 무슨 말을 하려는지, 알 수 있는 의도적 장치를 시 전편에 걸쳐 복선으로 깔아두면서 개인사적인 경험언어들을 시말로 녹여내려고 했다.

내용에 있어서 주제로 삼고 있는 것은, 과거 어두웠던 시대의 요절 시인 「입속의 검은 입」 기형도 시인의 시 세계가 그랬던 것처럼, 침울하고 어두운 내면 감정을 드러내는 데 있어서 상관물을 동원하고 경험적 사실을 덧대면서 나만의 진술을 끌고 가는 방식을 취하고 있다. 다분히 스토리텔링 된 요소도 없진 않으나 내 속에 존재하는 트라우마를 읽어, 나와 유사한 갈등 구조를 가진 독자를 동병상련의 감정에 호소, 절망에 희망의 끄나풀을 쥐여 주려는 창작 의도를 감추고 있는 그런 시편들을 추려 묶었다.

이전에 시집에 있는 시 「알약」에서 흰 철쭉을 만났을 때 몽우리 진 철쭉에서 나는 말 달리는 거친 발굽 소리와 마을 사람들의 비명을 엿들은 적이 있다. 이는 현세에 경험하지 못한 전생 혹은 무의식의 한 장면일 수도 있는데, 그때에도 난 힘없는 촌부였다. 침략군은 말을 타고 마을에 불을 지르고 사람들을 칼로 베고 찌르는 아비규환 속에서 나는 한없이 비겁했다. 식구들을 짚가리 속에 감추고, 살기 위해 서로의 입을 틀어막았다. 고작해야 시를 쓰는 일이 예나 지금이나 나를 창칼 들고 나아가 싸우지 못하고 뒷전으로 물러서게 하거나 초라하게 한다는 걸, 흰 핏물 흘리는 철쭉에 귀를 대고 전생쯤을 더듬다가 나는 알았다. 철쭉이 나를 일깨워준 비참의 한 장면이 비굴의 나를 속속들이 발견케 하는, 이번 시집은 내 개인사적인 굴욕의 또 다른 보고서일 것이다.

말하자면 그렇다. 내 어린 시절은 집성촌에서 타성바지의 아들로 자랐다. 아버지는 소작농이었어도 농사지은 곡물을 맘대로 팔지 못했다. 한번은 금을 더 쳐주는 장사꾼이 집을 다녀갔을 때 이웃은 우리 일가족을 죽이겠다고 낫을 들고 집 안을 쑥대밭으로 만들어 나와 엄마는 밤중에 피난을 갔고 아버지는 두 손이 발이 되도록 잘못을 빌어야 했다. 가뭄에는 논물도 마지막에 흘려 넣어야 했으니, 그렇게 세월을 견딘 아버지의 보상은 "법 없이도 사는 양반"이란 칭호였다. 지금이 추석인 것 같은데 이때쯤이면 또래 친구들은 신이 나 있었다. 누나와 형들이 도회지 고무신 공장이나 다방 조바 일을 해서 가족의 선물을 사 들고 왔으니, 추석은 그렇게 풍성했다. 이에 비해 나는 신문을 덧바른 방에 틀어박혀 여기저기서 끌어모은 책을 읽었다. 이곳저곳 빈 곳에 낙서나 하며 지냈다.

그때부터 사람이 그리웠다. 누군가 나와 놀아줄 사람, 내 말을 들어줄 사람, 다정히 이름을 불러 줄 사람, 등등 그렇게 사랑의 인기척과 살냄새가 그리웠다.

그런 일련의 유년을 넘기고 중학교 때부터 자취하면서 도회지에 나와서 혼자의 생활에 익숙해졌다. 그 후의 살아온 궤적들은 생략하기로 하고 현재에 이르러서도 혼자인 시간에 고독을 버무려 시를 버릇에 길들여졌.

시에 첫발을 내디딘 것은, 고등학교(제천고) 때이다. 교내 백일장에서 차상에 당선이 되면서부터였다. 우리 동네에서 언덕 위 하얀 집(신비의 궁전 같은)이 있었는데, 그 집에 누가 살까? 늘 궁금했었는데, 아 글쎄 나를 차상으로 뽑아준 선생님이 알고 보니, 그 집의 주인이었던 것, 성함을 밝히면 당시는 김기종(개명 후 김동현) 1977년 중앙일보 신춘 문예, 당선작 「겨울 과수밭에서」의 시인이시다.

그 후 나는 시인이 되면 그런 멋진 집에 살 수 있는 줄 알았다. 그러나 선생님과의 인연은 짧았고 나는 혼자서 시의 길을 걸었다. 2학년 때에는 개인 시화전을 열었다. 손수 그림을 그리고 글씨를 써서 판넬을 짜고 테두리까지 둘러 제과점에 걸었다. 그때 방문해 준 시인이 있었는데 박지견 시인이다.

그리고 친히 제자로 인정해 준 시인이 제천이 아닌 진주의 설창수 시인이다. 설창수 시인은 그렇게 내 정신적인 스승이 되셨다. 후에 다시 만나본 일은 없지만 누군가 스승이 누구냐고 물으면 나는 흰 두루마기 걸친 흰머리의 설창수 시인이 스승이라고 말하고 다녔다. 단지 멋이 있어서 그랬는지도 모른다. 당시 제천의 학생문학회 회장이던 내게 그 날 내게 내려준 휘호가 〈川流不息〉이다.

그 후 여타 백일 백일장에서 대상을 받게 되고 이제는 시로는 이루었으니, 그림을 그려야겠다고 엉뚱한 생각을 했다. 부모님 어렵게 고추 농사지은 돈으로는 학원비가 되지 않아 학원 청소를 하면서 어깨 너머로 그림을 그렸다.

그리고 대학 진학을 앞두고는, 국문과나 미술대학이냐, 갈등을 참 많이 했다. 전국 어느 대학이라도 갈 수 있을 만큼 실기 실력도 갖추었기에 고민 끝에 난 미대를 결정했다.

대학 진학 후에는 〈창문학〉이라는 문학동아리에서 혹독한 창작 훈련을 받았다. 국문과 수업 중 시와 관련된 수업은 놓치지 않았고, 이동순 선생님을 만났고 전영태 선생님을 동아리 지도 교수로 모셨다.

현재도 한국 문단에 크게 활동하는 문인 선배들(김재홍, 안영태, 전영학, 장문석, 김영호, 정한용, 정효구 등)이 많은 동아리로 당시에는 대학가에서는 크게 알려진 동아리였다. 덕분에 대학 재학시절 전국 대학생 문예공모전을 휩쓸었다. 〈중앙대 중앙문화상〉, 〈충북대 개신문학상〉, 〈외국어대 외문문학상〉, 〈원광대 대학문학상〉 등 그렇게 대학

시절을 보낸 이후 첫 교사 발령지인 대구에서 1989년 대구《매일신문》신춘문예에 시「겨울 판화」가 당선되어 문단에 나오게 되었다.

❸
 회고를 하자면 내 시는 비참, 참담, 굴욕의 산물이다. 아름다운 대상을 노래하고 그 대상에 머물지 않고 내 심정 속의 어떤 상처를 나는 연금술의 언어로 꿰매려 한다. 고독의 바닥까지 내려가 고독의 머리채를 끄집어 올려 마구 흔들어야 직성이 풀린다.
 군 시절 대대 야간행군 때에도 나는 비참을 경험한 적 있었는데, 배가 고파 걷지를 못할 때 밥 실은 차가 자정 무렵 싣고 온 밥 앞에서 주임 상사가 밥이 모자라니, 대학교 다니다 온 놈들은 밥 없다고 할 때 그 비참함이라니, 밥은 못 먹었어도 어디서 힘이 난 건지, 난 끝까지 이 악물고 60킬로 행군을 마쳤다. 물론 그다음부터는 인사 주특기를 무기로 행군에 나가지는 않았지만, 아무튼 비참이란 기본 다섯 가지 인간의 욕구에서 배제되거나 열외 될 때 더 크게 느껴지는 감정인 걸, 진즉에 나는 알고 있었다.

 자본주의 사회에 살면서 자본, 즉 나를 증표 하는 데는 돈(재력)만 한 게 없을 것이다. 일찍이 시의 길을 선택할 때

나는 돈 많이 벌겠다는 생각을 버렸을 수도 있다. 20년간 월급 받고 교직 생활을 하였지만 주위의 남들 앞에서 교사는 교사다워야 한다는 어떤 불문율이 나는 싫었다. 생각만이라도 누구를 가르치려 들지 않는 자유인이고 싶었다. 그래서 과감히 접었다.

초임 때부터 월세방에 살면서 어머니가 혈액암으로 돌아가시고 월급 타서 빚 갚기에 바빴다. 주위의 교사들이 차 사고 아파트 평수 늘려갈 때 집들이 가서 열심히 박수는 보내주었다. 자존심은 있어서 시 써서 부업으로 돈 좀 생긴다는 듯 주위의 길흉사도 꼭꼭 챙겼다. 그러나 이리저리 가장의 책무에는 소홀했다.

이제 나이는 늘그막에 접어들었고 비침은 나름 익을 만큼 익어서 쩍 벌어진 으름 열매가 되었다. 그러면서도 그나마 시의 끈을 놓지 않은 건 신기한 일이다. 그리고 집이 없고 돈이 없어서 비참했다고 제대로 시로 쓴 적은 아직 한 번도 없다. 오히려 없어 즐겁다고 쓴 적은 있다.

역설일 수는 있겠지만, 근래 내가 겪는 비참한 사건들은 좀 가졌다는 인간들에게 노예화되고 있음을 알 때였다. 인간에 대한 어떤 배신감 같은 것들이다.

남녀 간의 사랑도 그렇다. 문득 사랑을 느껴서 서로가 사랑하게 되었더라도 본시 사랑이 영원하진 않으니, 사랑이

식었다고 이별을 통보하면 된다. 당신은 "시답잖은 시나 쓰다가 뒈져 버리라"는 악담 따윈 해서는 아니 되는 것. 시를 핑계로 다가와 잔뜩 미래에 대한 희망을 부풀려놓다가, 실컷 자기 자랑만 하다가 사랑은 늘 떠났다. 오래 사귀던 여자를 가장 가까운 시인이 "이제 내 여자니까! 연락하지 말라"고 통보해 올 때, 그 비참은 여간 맛있는 게 아니다. 내세울 것, 가진 것 없다는 건 따지고 보면 조금 불편한 일인데, 마구 개돼지 취급하려는 철저히 자본주의 형 인간 부류들이 종종 심기를 건드린다.

❹
살며 겪고 보니, 그렇더라. 낮은 곳에서 하루하루를 힘들게 사는 사람들일수록 오히려 남에게 더 베풀 줄 아는 것은, 그들이 불안하지 않기 때문이다. 우아하고 고상한 족속일수록 불안하다. 권력을 가진 자들도 마찬가지일 것이다. 추락이 두려운 것이다.

내가 이번 시집 안에 녹여 놓은 시들은 어쩌면 비침을 경험한 사람들은 외면하고 읽지 않을 수도 있다. 오히려 고상한 인격의 소유자들이 더 많이 읽겠지만, 단 몇의 독자라도 철석같이 믿었던 사랑에 배신당한 감정을, 너무나도 친근하게 다가와, 인간 정에 굶주린 시인의 뒤통수를 쳐서 돈 빌려 달아난 그놈은 꼭 읽기를 바란다. 사글세 면하고 전

세라도 살아볼까, 모아둔 돈, 떼인 돈보다도 사람을 잃어 더 비참한 감정 등등을 풀어낸 어설픈 이번 시집의 몇 편의 시를 그놈은 꼭 읽어 보시고 자신의 뒤를 돌아보시 길….

  시를 마무리하는 동안 쌓인 감정과 울분을 조금이나마 삭일 수 있다면 이번의 내 시집 『화살물고기』는 비록 정부의 예술인 창작 지원 정책에 의해 등 떠밀려 나오지만, 그 존재 가치는 미미하게나마 있지 않을까? 슬그머니 엉뚱한 생각을 긴 추석 연휴에 갈 데도 없어 혼자 방구석에 처박혀 보태어 본다.

-2025년 추석 다음 날, 박윤배 쓰다